I0825342

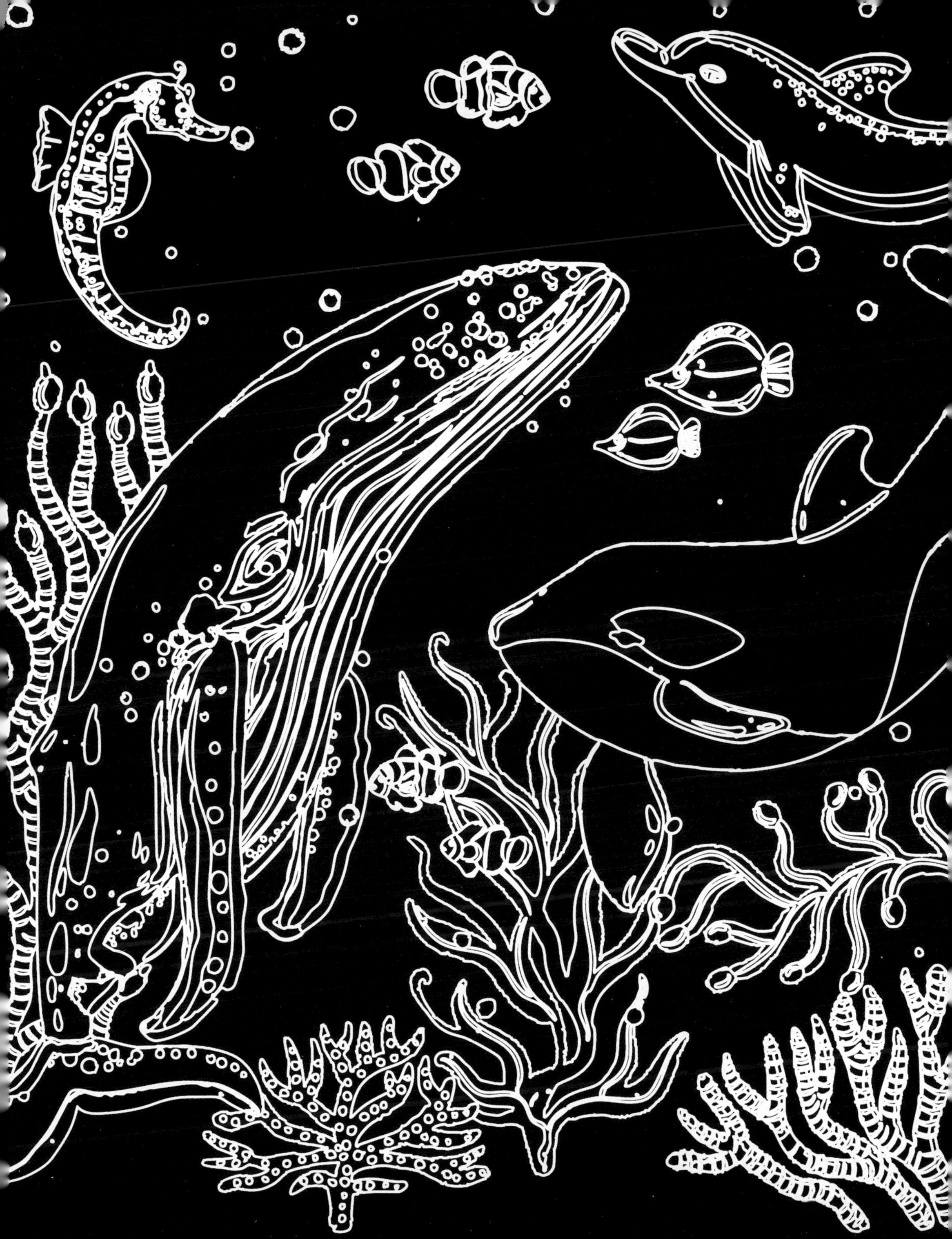

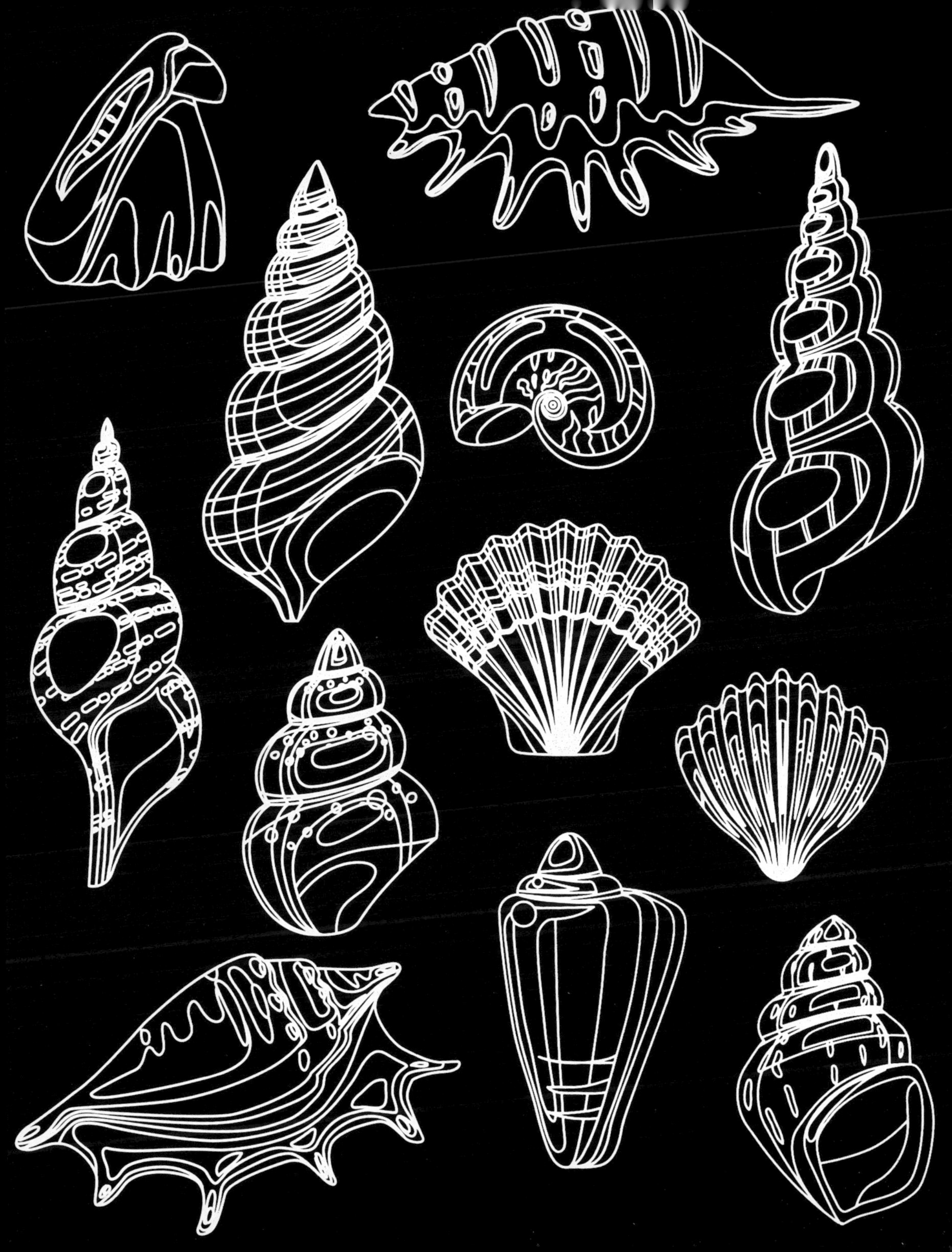

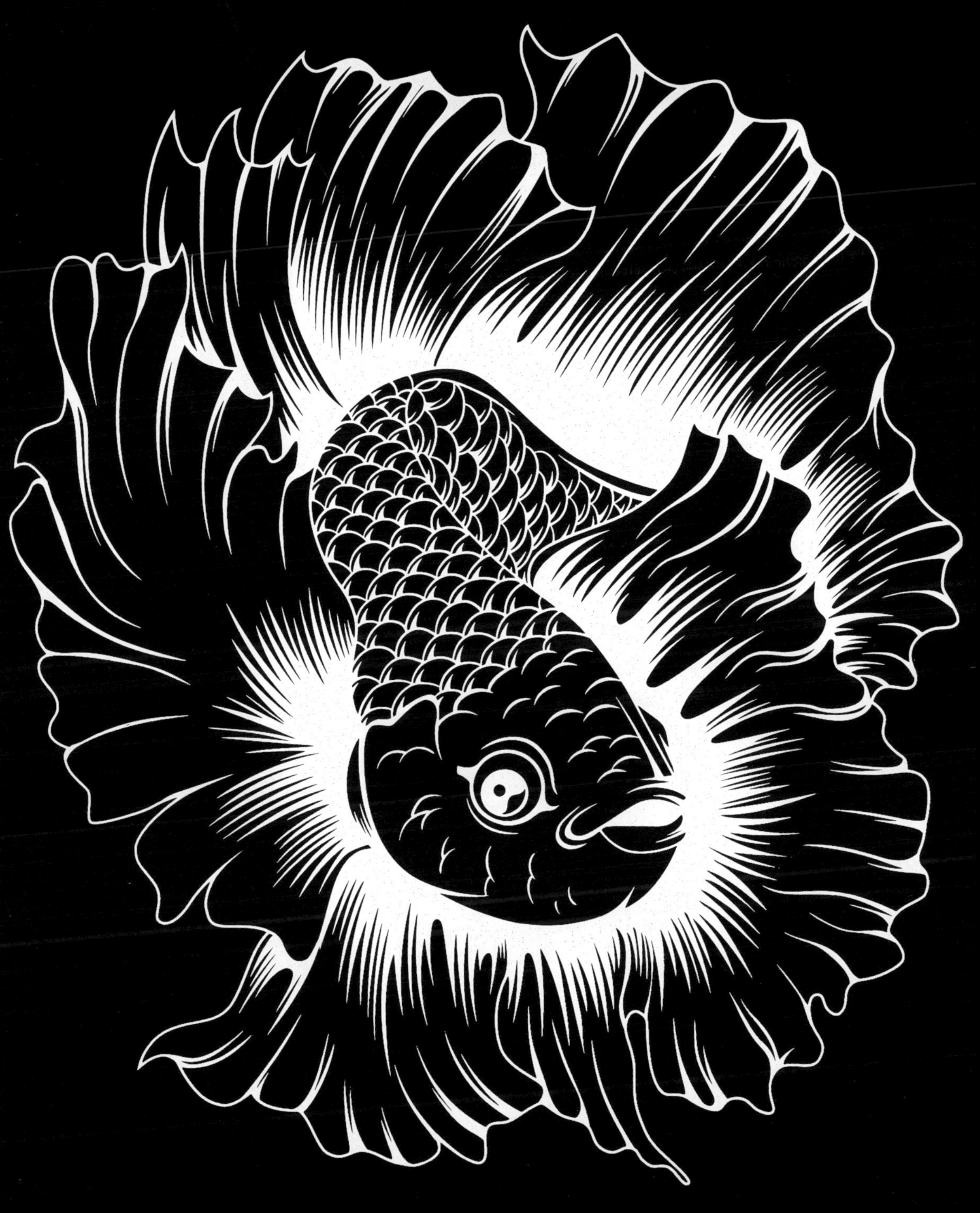

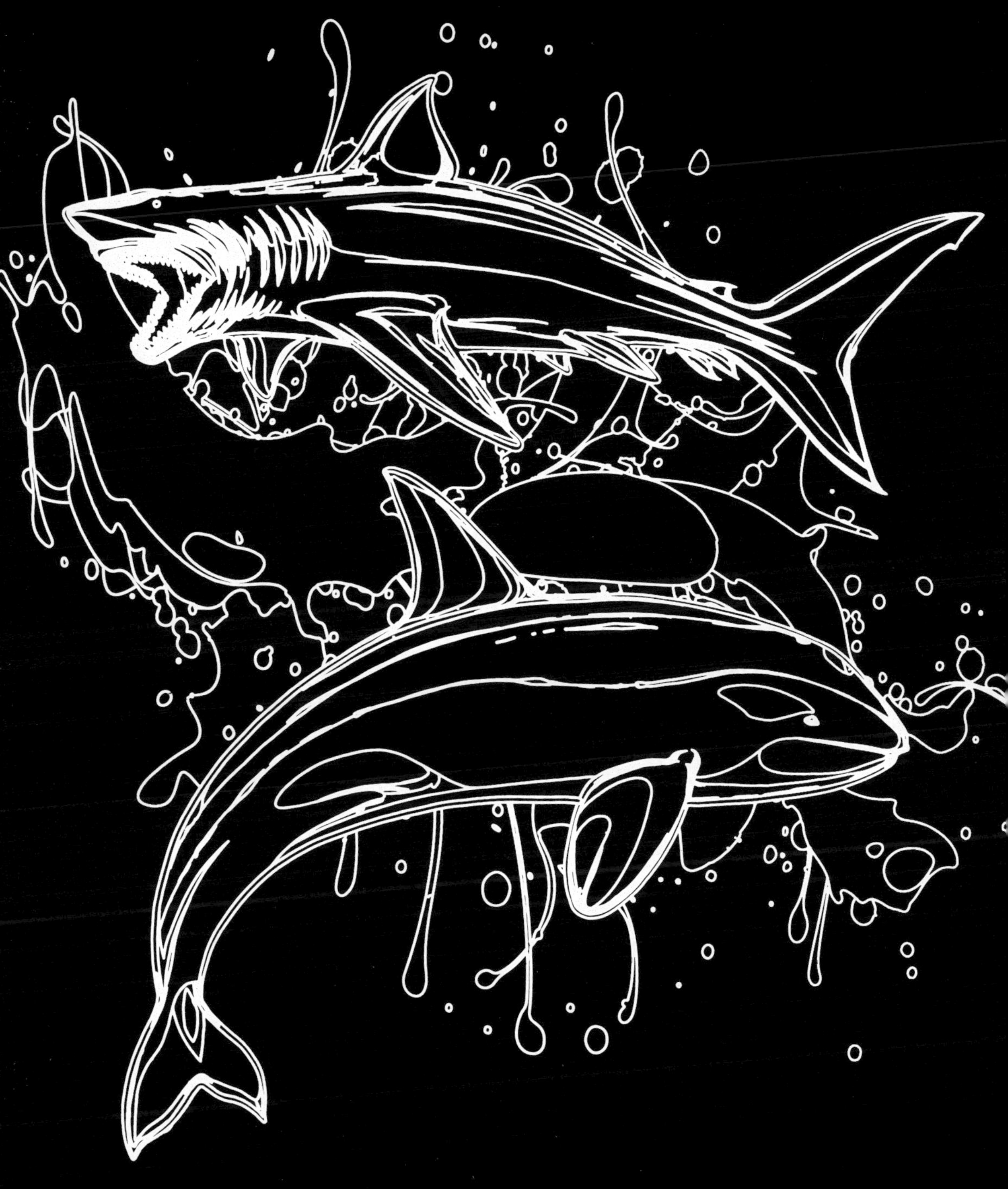

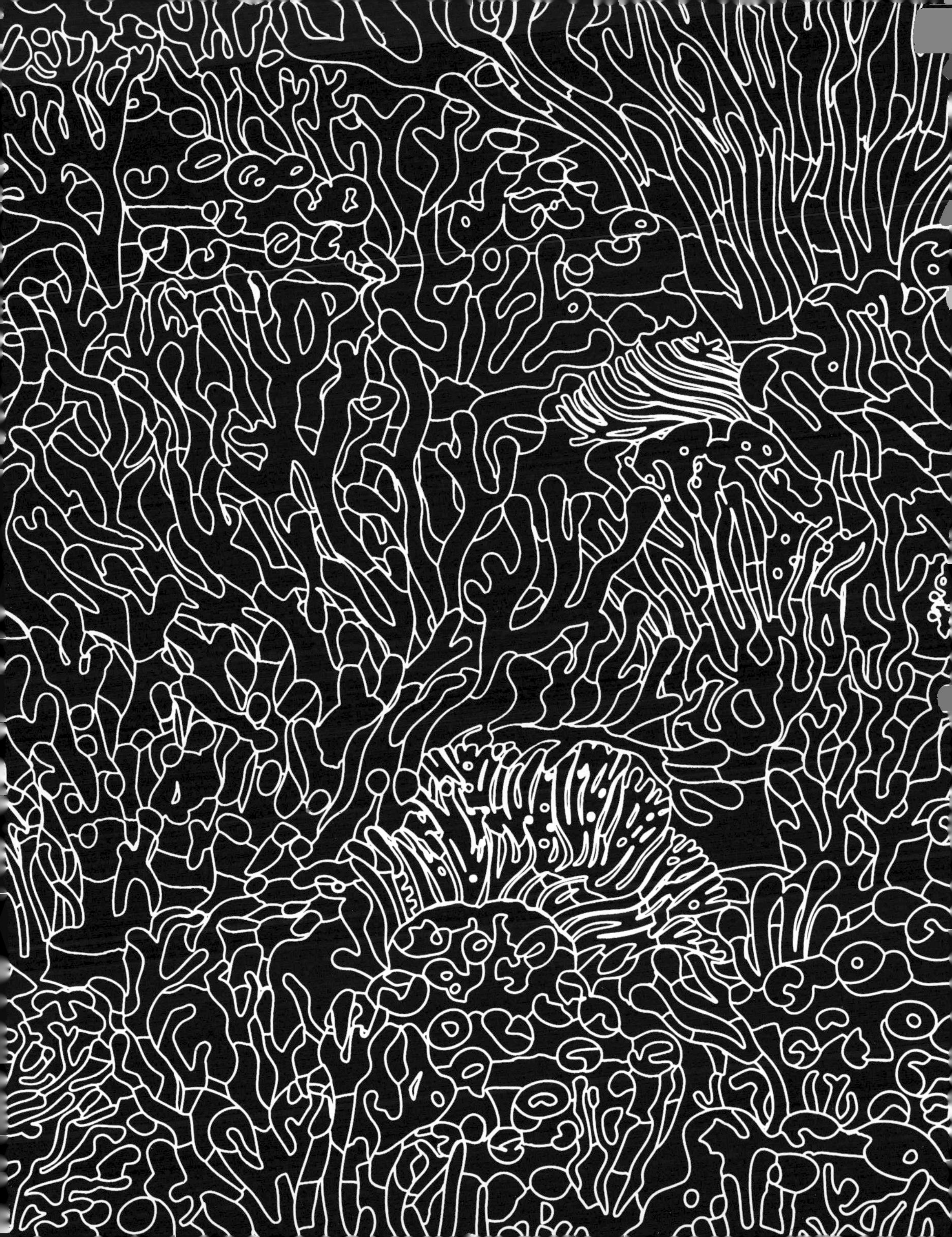

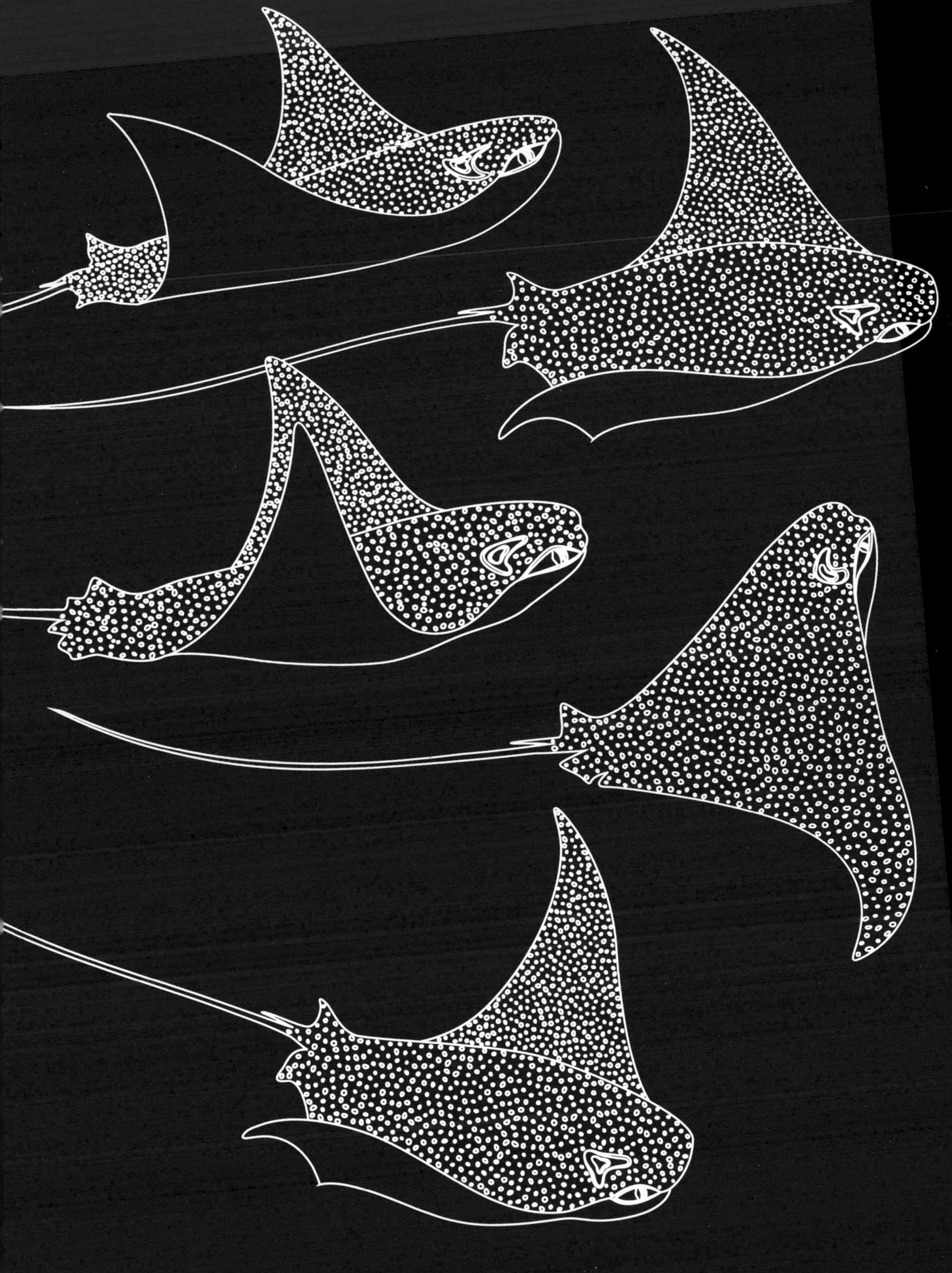

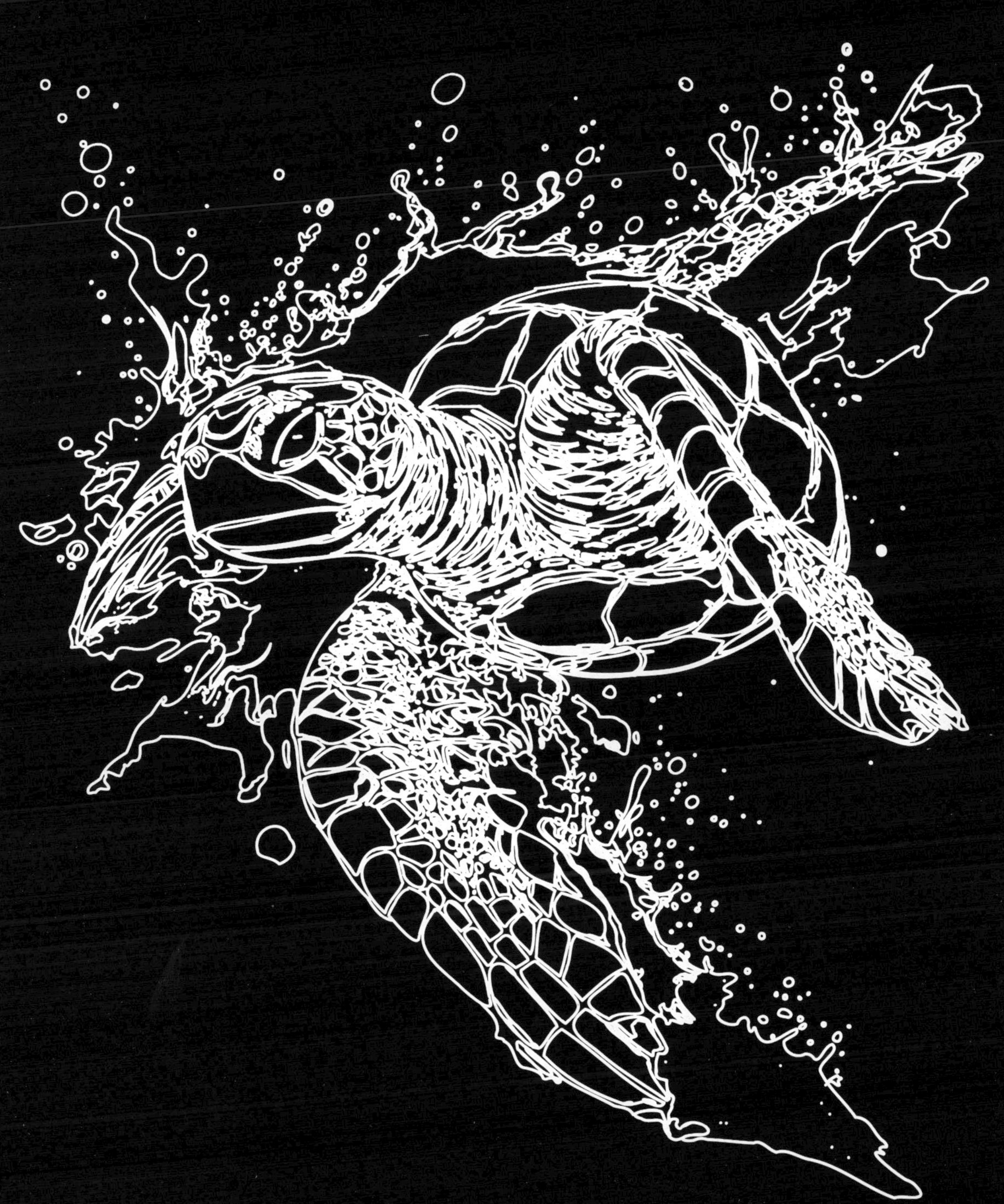